ALGER.

IMPRIMERIE DE GAULTIER-LAGUIONIE,
RUE DE GRENELLE-SAINT-HONORÉ, Nº 55.

ALGER.

ESQUISSE

TOPOGRAPHIQUE ET HISTORIQUE

DU

ROYAUME ET DE LA VILLE,

ACCOMPAGNÉE

D'UNE CARTE GÉNÉRALE DU ROYAUME ET D'UN PLAN DU PORT
ET DE SES ENVIRONS;

Par A. M. Perrot,

MEMBRE DE PLUSIEURS SOCIÉTÉS SAVANTES.

Alger, vaste berceau de forbans circoncis........
Et riche de ses vols, ce peuple philanthrope
Rit du nom de forban que lui donne l'Europe.
(MM. Barthélemy et Méry.)

PARIS,

LIBRAIRIE LADVOCAT,

PALAIS-ROYAL.

1830.

ESQUISSE

TOPOGRAPHIQUE ET HISTORIQUE

DU

ROYAUME ET DE LA VILLE D'ALGER,

ACCOMPAGNÉE

D'UNE CARTE GÉNÉRALE DU ROYAUME ET D'UN PLAN
DU PORT ET DE SES ENVIRONS.

———◦◦◦———

A deux cents lieues des côtes méridionales de
France, sur l'autre rive de la Méditerranée,
une contrée moitié fertile, moitié sablonneuse
et déserte, est peuplée par des hommes d'ori-
gines diverses, par des tribus nomades et des
hordes errantes, qui forment une espèce de
nation stupide et barbare, courbée sous le

sabre d'un despote. C'est le royaume d'Alger, vers lequel est dirigée en ce moment l'attention générale.

Situation, étendue, limites.

Cet état, tributaire de la Turquie, porte le nom de sa ville capitale ; il est situé sur la côte septentrionale de l'Afrique entre le 5e degré de longitude Ouest du méridien de Paris et le 7e degré Est, et entre les 32e et 37e degrés de latitude Nord ; sa longueur de l'est à l'ouest est 220 lieues, et sa longueur moyenne d'environ 150 lieues. Il est borné au nord par la Méditerranée, à l'ouest par l'empire de Maroc, au sud par le grand désert de Sahara, à l'est par le royaume de Tunis.

Climat.

Le climat y est assez tempéré, des pluies abondantes et des sources nombreuses y entretiennent de la fraîcheur. Les chaleurs de l'été n'y brûlent pas les feuilles des arbres, et la rigueur des hivers ne les dessèche jamais.

Constitution physique.

Ce pays est traversé au sud par les chaînes de montagnes qui se détachent de l'Atlas, et appelées le *Lowat* et *l'Ammer*; elles sont peu élevées et couvertes de forêts et de vignes jusqu'à leur sommet; le mont *Jurjura*, un des plus hauts de la Barbarie, s'étend dans la direction du nord-est au sud-ouest sur une longueur d'environ dix-huit lieues; les chaînes *Wannougah* et *d'Auress* en forment la continuation à l'est: leurs sommets, presque toujours couverts de neige, sont entrecoupés de rochers énormes et de précipices affreux. Ces hauteurs arrêtent les nuages qui viennent du nord, les condensent et provoquent ainsi les pluies auxquelles cette contrée doit une partie de sa fertilité; ce sont elles encore qui forment les bassins, ou contiennent les sources d'un grand nombre de rivières, les principales sont : la *Moulouia*, dont l'embouchure sert de limite à l'état de Maroc, le *Schellif*, qui décrit un grand demi-cercle et a un cours de plus de cent lieues; le *Ouad-Djedyd*, qui coule vers le sud dans le désert, et va se perdre dans le lac de Melgig, au pays de Zab; le *Zovah*, le *Rumel* et le *Scibus* descendent des montagnes et se jettent dans la Méditerranée. Le *Miskiana* prend sa source vers l'est et arrose la partie septentrionale du royaume de Tunis.

Il y a des rivières et sources salées; on connaît aussi plusieurs sources minérales.

Les tremblemens de terre sont fréquens sans être redoutables.

Les lacs principaux sont ceux de *El-Shot*, *Ukuss*, *Titteri* et *Melgig*.

La côte offre un grand nombre de caps et de golfes la plupart dangereux ou inabordables; l'intérieur contient plusieurs déserts sablonneux; le plus vaste est celui d'*Angad*, qui sépare l'état de Maroc de celui d'Alger.

Sol.

Le sol de cette partie de la côte africaine, quoique généralement léger, sablonneux et entre-semé de rochers, est sur beaucoup de points d'une étonnante fertilité; la végétation naturelle, riche et active, qui s'y montre, est une preuve de la libéralité avec laquelle la terre récompenserait les travaux des agriculteurs, s'il pouvait y en avoir dans un état où l'on compte un maître absolu et des esclaves, vivant au jour le jour, n'ayant d'autre soin que de se procurer un peu de nourriture et de conserver leur tête, mais sans patrie et sans aucun intérêt à la prospérité générale.

Le sein de la terre renferme de riches mines de plomb et de fer, le sel y abonde, et les bords de la mer offrent aux pêcheurs de très beau corail.

Productions.

Une administration affreuse et l'absence de toute civilisation n'ont pu anéantir tous les dons de la nature; ce pays exporte de grandes quantités de blé; l'olivier y est plus beau qu'en Provence, et, malgré une religion ennemie de Bacchus, les Maures cultivent sept variétés de vigne.

Les plantes indigènes les plus communes fleurissent sur les rivages ou s'enracinent profondément dans le sable mobile, tandis que les espèces les plus rares viennent dans les marais et les forêts. Les côtes arides se couvrent de plusieurs espèces salines et grasses, telles que la *salsola* et la *salicornie*, le *pancrais maritime* et la *scilla maritima*, avec différentes espèces d'herbes dures, à longues racines, entre autres, le *lygeum spartum*, le *panide humide*, le *saccharum cylindricum*, et *l'agrostis pungens* entremêlées çà et là d'*héliotrope* et de *soldanella*. Les plateaux secs et rocailleux qui séparent les vallées de l'intérieur ont une grande ressemblance avec les landes de l'Espagne; elles abondent en bosquets épais, d'arbres de liège et de chênes toujours verts, à l'ombre desquels la sauge, la lavande et d'autres plantes aromatiques, croissent en abondance, et s'élèvent à une hauteur extraordinaire. Le genêt à haute tige, les différentes espèces de *cistes*, la mignonette, le sumac, la bruyère, l'aloës, l'agave et plusieurs sortes d'euphorbes et de cactus, ornent les anfractuosités des roches, où, bravant la chaleur et la sécheresse, ils fournissent aux chèvres une nourriture et un ombrage salutaires.

Les forêts qui couvrent les flancs des montagnes fertiles sont composées de diverses espèces de chênes, dont les glands font partie de la nourriture des habitans. On y trouve fréquemment l'arbre à mastic, le *pistachier atlantique*, le *thuya articulé*, le *rhus pentaphyllum*. Le grand cyprès, pyramide verdoyante, étend ses branches vers le ciel; l'olivier sauvage donne sans culture d'excellens fruits; l'*arbutus unedo* porte des baies rougeâtres qui ressemblent à celles de la fraise; la bruyère en arbre répand au loin une odeur très douce; toutes les vallées un peu élevées ressemblent, en avril et en mai, à autant d'élysées; l'ombre, la fraîcheur, l'éclat de la verdure, la variété des fleurs, le mélange d'odeurs agréables, tout charme le botaniste, qui oublierait ici sa patrie, s'il n'était effrayé par le spectacle de la barbarie; les côtes et les collines voient, dès le mois de janvier, l'oranger, le myrte, les lupins, la vigne-vierge et le narcisse se couvrir de fleurs et de feuilles nouvelles; mais aux mois de juin, juillet, août et septembre, le sol desséché et gercé n'est souvent recouvert que des débris jaunâtres de végétaux morts ou expirans (mais comme nous l'avons dit, ce spectacle est inconnu dans les parties inférieures). Le chêne à liége attriste les forêts par le sombre aspect de son écorce brûlée. A cette époque néanmoins, le laurier-rose étale encore ses fleurs brillantes depuis le sommet des montagnes jusque dans les plus profondes vallées, sur les bords de tous les ruisseaux et de toutes les rivières.

Culture.

Parmi les plantes cultivées on distingue le blé, l'orge, le maïs; le riz dans les terrains inondés; le tabac, le dattier, l'olivier, l'oranger, le figuier, l'amandier, la vigne, l'abricotier, le pistachier, le jujubier, les melons, les citrouilles, le safran, le mûrier blanc, la canne à sucre; dans les jardins on élève presque tous les légumes d'Europe. Les habitans conservent leurs grains pendant plusieurs années en les ensevelissant dans de grandes fosses creusées en terre, dans des lieux secs. Le blé est semé en automne, et se récolte en avril ou en mai; le maïs et le sorgho se sèment au printemps pour être récoltés en été; l'avoine croît spontanément. Quelques fruits, entre autres la figue, viennent de qualité inférieure à ceux de l'Europe. Les glands du chêne ont le goût de nos marrons (1).

Animaux.

Le *heirie* ou chameau sert aux Arabes pour parcourir avec la rapidité de la flèche des contrées sèches et brûlantes. Les mouvemens de cet animal sont très violens et ne pourraient être supportés par des hommes moins patiens et moins exercés que les habitans du désert.

Le bétail est petit et maigre; les vaches n'y donnent que peu de lait et de mauvais goût.

Les chèvres et les brebis y sont en nombre considérable.

Les cochons, abhorrés des mahométans, ne se trouvent que dans quelques établissemens européens.

Les chats, les chiens et toutes les volailles

(1) Desfontaines, Poiret, Malte-Brun.

de l'Europe, y sont en grand nombre. Les Arabes élèvent beaucoup d'abeilles.

Les montagnes, les déserts sableux et les forêts, sont peuplés par le lion, la panthère, l'once, le léopard, le bubale, animal du genre des antilopes, la gazelle et plusieurs espèces de singes.

L'autruche est l'oiseau le plus remarquable; la chasse de cet animal offre un spectacle curieux. Une vingtaine d'Arabes, montés sur des chevaux du désert, vont contre le vent, cherchant la trace de l'autruche; et, quand ils l'ont trouvée, la suivent tous à une distance d'un petit demi-mille; l'oiseau, fatigué de courir contre le vent qui s'engouffre dans ses ailes, se tourne contre les chasseurs et cherche à passer à travers leur ligne; alors ils l'entourent et tirent tous à la fois sur lui jusqu'à ce qu'il tombe mort; sans cette ruse ils ne pourraient jamais prendre d'autruche, qui, bien que dépourvue de la facilité de voler en l'air, dépasse sur terre les animaux les plus rapides (1).

(1) Poiret.

Des nuées de sauterelles ravagent quelquefois les moissons et font naître des famines.

Une espèce d'abeille sauvage remplit certains troncs d'arbres et y dépose un miel aromatique et une cire qu'on recueille en abondance.

Population.

On ne possède que des données fort vagues sur la population du royaume d'Alger; les villes sont peuplées de Maures, de Turcs, de Juifs et de quelques Européens; les Arabes occupent principalement le pays plat et le littoral du grand désert; les Berbères habitent l'Atlas et le pays de Zab; les Beny-Ammar, tribu nomade, se trouvent dans la province de Mascara; les Coucos et les Beny-Abbes sont aux environs de Bugia; les Henneischas sur les frontières de Tunis et les bords de la Medjerdah, ainsi que de puissantes tribus de Cabaïls; tous ces nomades ne reconnaissent que faiblement l'autorité du dey. Le nom de Biscaris appartient aux habitans fixes de Zab. Les contrées de Ouadreag et de Suargala au sud de

Sobaïr et de Tegorarin à l'ouest, sont des Berbères indépendans. Les Coloris ou Kuloglous habitent les villes, ils proviennent du mélange des Turcs avec les femmes maures et les négresses : ils tiennent le milieu entre les Maures et les Turcs.

On croit qu'il existe dans les monts Auress une tribu qui a le teint blanc et les cheveux roux; elle se marque le front d'une croix grecque : Bruce pense que c'est un reste de Vandales.

On évalue le nombre total des habitans de la régence d'Alger à 2,500,000.

Les Maures, qui habitent les villes et les plaines cultivées, parlent un dialecte arabe rempli d'idiotismes; leur peau est plus blanche que celle des Arabes, le visage plus plein, le nez moins saillant, et tous les traits de la physionomie, moins énergiques, semblent prouver qu'ils descendent d'un mélange d'anciens Mauritaniens et Numides avec les Phéniciens, les Romains et les Arabes.

Le caractère des Maures est un composé de tous les vices; débauchés, avares, sanguinaires et lâches, avides et paresseux, vindi-

catifs et rampans, ils ne rachètent tant de
défauts que par bien peu de bonnes qualités;
sobres dans leurs alimens, simples dans leurs
costumes, ces hommes sont ceux de la terre
qui se montrent le plus jaloux de leurs femmes; celles-ci font briller l'or et les diamans
dans leur élégante parure.

Les exercices à cheval et le tir des armes
sont les passe-temps favoris des Maures; ils sont
d'une ignorance profonde : savoir lire l'alcoran semble pour eux le faîte de la science;
ils ont cependant des astrologues, et ils aiment
l'histoire et la poésie.

A leurs funérailles, une longue file de femmes,
payées pour pleurer et hurler, accompagne le
mort jusqu'à sa dernière demeure.

Les Arabes se distinguent par une physionomie mâle, des yeux vifs, un teint presque
olivâtre; leurs femmes, d'une maigreur et
d'une physionomie repoussante, jouissent de
la plus grande liberté; dans quelques tribus
elles se peignent des lignes et des figures en
noir sur les joues et la poitrine.

Les Arabes habitent des tentes couvertes de
grosses étoffes ou de feuilles de palmier; elles

ont la figure d'un bateau renversé, sont group-
pées en forme de hameau et souvent entourées
d'une haie d'épines pour en défendre l'entrée
aux bêtes féroces.

Les Arabes, errant dans le pays plat, principalement sur le bord des rivières, sont beaucoup moins indociles que les montagnards
même qui n'ont pas réussi à secouer le joug.
Cependant, comme leur soumission est toujours forcée, il faut qu'annuellement des corps
nombreux leur rappellent leur dépendance,
les fassent rentrer dans l'ordre s'ils s'en étaient
écartés, et leur arrachent des contributions
proportionnées ou supérieures à leurs facultés.

Les Berbères sont indigènes du nord de
l'Afrique, et descendent sans doute des Libyens; on les nomme Kabyles ou Cabaïls; ils
habitent les montagnes. Leur teint est rouge-
noirâtre, leur taille haute et svelte, le corps
grêle et maigre; ils poussent le fanatisme religieux jusqu'à la férocité, immolent souvent,
à l'instigation de leurs marabouts (1), des juifs

---

(1) Ces marabouts sont des misérables qui font des

et des chrétiens. La pauvreté et la malpro-
preté de leurs vêtemens leur donne un aspect
sauvage; ils sont cependant moins paresseux
que les Maures et les Arabes; aussi ils ont plus
d'intelligence pour la culture des terres. Ils
manient supérieurement le fusil et peuvent
devenir redoutables dans plus d'une occasion.

On ne compte pas un nombre considérable
de renégats dans l'état d'Alger : quelques chrétiens forcés, pour éviter des châtimens, ou
réduits au désespoir par leurs souffrances, ou
bien encore entraînés par leur passion pour
quelque femme, sont les seuls qui abandon-
nent leur religion pour celle de Mahomet. Dès
qu'ils ont apostasié, ils reçoivent la paie
comme les Turcs et peuvent parvenir à tous
les honneurs de l'état. Il n'est pas néanmoins
dans la coutume des Maures d'encourager le
prosélytisme parmi les esclaves; ils savent la
perte qu'ils éprouvent en leur donnant la li-

---

sortiléges, vendent des amulettes, exercent, surtout, envers les Berbères une autorité despotique, parcourent le
pays et semblent institués pour retenir les Algériens dans
l'abrutissement.

berté, leur défiance est très grande sur ce point, et n'est pas sans raison.

Division.

La contrée où se trouve Alger fut autrefois divisée suivant les intérêts ou les caprices des puissances qui lui donnèrent successivement des lois; maintenant elle est partagée en six provinces qui sont : Alger, Constantine, Mascarà, Titéri, le pays de Zab et celui des Berbères.

Villes principales.

Les villes les plus remarquables sont situées vers le nord sur le littoral de la Méditerranée. La première que l'on rencontre en venant de l'ouest est *Tlémsen* ou *Telemsen*, la principale ville de l'intérieur, située au nord du désert d'Angad et près du golfe auquel elle a donné son nom. On y fabrique des étoffes de laine.

Mascara, capitale de province, résidence du bey-gouverneur, à 25 lieues à l'est de la précédente. C'est une place fortifiée.

Oran ou *Warran* est un port excellent et bien fortifié, sous le 35e degré 40 minutes de latitude nord et le 3e degré de longitude ouest du méridien de Paris ; la ville est assez considérable ; elle a été plusieurs fois prise et reprise par les Maures et les Espagnols. Ses maisons sont bâties moitié dans une plaine et moitié sur le penchant d'une montagne escarpée, à 65 lieues ouest-sud-ouest d'Alger. La population d'Oran est de 20,000 habitans.

Tenez est située sur un sol bas et sale ; si les vaisseaux y étaient moins exposés à la violence des vents du nord et de l'ouest, ils y viendraient charger la grande quantité de blé que produit le territoire.

Blida occupe un site riant dans la province de Titéri.

Mostagan, que l'on croit la *Cartenna* de Pline et de Ptolomée, s'élève en amphithéâtre fort près de la mer ; c'est une grande ville ; ses nombreux habitans pensent qu'elle fut anciennement formée par plusieurs villages voisins les uns des autres, et les vides qui s'y trouvent favorisent cette tradition. Elle est protégée par une citadelle placée sur la plus haute des montagnes qui l'entourent. Son port est très sûr, et l'on chercherait vainement des campagnes plus fertiles ou plus agréables que les siennes.

Arzen est un port des plus vastes, des plus sûrs et des plus fréquentés de toute la côte, mais il ne peut être fortifié. C'est là que se font tous les chargemens de blé que la province du Ponant peut livrer à l'Europe ; il n'y a pas d'habitans , la maison du capitaine de la rade et les magasins sont les seuls bâtimens qui s'y trouvent.

Constantine, capitale de la province la plus fertile et la mieux cultivée du royaume, est située à 63 lieues Est d'Alger et à environ 15 lieues des côtes de la Méditerranée, sur le sommet d'une montagne, baignée presque de tous côtés par le Koumel ou Ouad-el-Kebir, et sur une grande partie de l'emplacement de l'ancienne *Cirta.*

C'est la résidence d'un bey ; elle est défendue par une nombreuse garnison enfermée dans une assez mauvaise muraille. On y entre par quatre portes construites en pierre rougeâtre, d'une texture très fine et très serrée, ornées de sculptures romaines; les rues sont étroites et malpropres, les maisons basses et sans fenêtres.

Le pont est le monument le plus remarquable; ses arches, ses galeries et ses colonnes sont ornées de guirlandes, de têtes de bœufs et de caducées; entre deux arches est un bas-relief représentant une femme, dont les pieds posent sur deux éléphans, et qui tient sur sa tête une grande coquille. Les autres ruines sont, un très bel arc de triomphe, des citernes, des aquéducs, etc., qui attestent l'emplacement d'une immense cité.

Une grande cascade formée par le Koumel sort d'un canal souterrain dans la partie la plus haute de la ville; ce point est élevé de 200 mètres au-dessus de la plaine, et, comme autrefois, c'est encore de là que l'on précipite les hommes criminels et les femmes infidèles.

La population de Constantine est évaluée à 60,000 Maures; il y a aussi quelques Juifs.

Bugia, ville et port à 25 lieues Ouest-nord-ouest de Constantine et à 40 lieues Est d'Alger, sur le penchant d'une montagne, au fond d'un golfe assez profond, à l'embouchure de la rivière de Zovah ; latitude Nord 36 degrés 30' ; longitude Est 3 degrés 2'.

Elle est bâtie sur les ruines de l'ancienne *Choba*; c'est une place assez forte, dominée par un château. Le port, formé par une langue de terre, est vaste et sûr. On y fait un commerce assez considérable d'huile, de cire, de bois de construction et de figues.

Les montagnes voisines fournissent du fer, dont on fait des outils et des instrumens d'agriculture; elles sont habitées par des *Cabaïls*, redoutés des citadins de Bugia, ils tiennent cette ville dans une sorte de blocus perpétuel.

Collo ou *Coullou*, sur la côte au nord-est de Constantine, exporte des cuirs de bœufs.

Cette place est dans une vallée serrée, stérile, étroite, bornée de tous les côtés par des rochers escarpés et occupée par quatre misérables peuplades placées à deux cents pas l'une de l'autre ; le globe entier ne fournirait peut-être pas des scélérats plus infames que ceux de ces hameaux; pour se garantir de leurs brigandages, de leur férocité, des coups de fusil qu'ils ne cessent de leur tirer pendant la nuit, les Européens condamnés à traiter avec ces barbares sont obligés à doubler de fer leurs fenêtres et leurs portes, et ces précautions ne suffisent pas toujours.

Bona ou *Bonne*, ville et port, située au fond d'un golfe du même nom, à l'embouchure du Scibus, à 95 lieues Est d'Alger, 35 lieues Nord-est de Constantine; latitude Nord, 36 degrés 52′; longitude Est, 5 degrés 50′.

Un fort considérable bâti par Charles-Quint, en 1535, sur une hauteur voisine, et un château, défendent cette place, dont le mur d'enceinte est en très mauvais état.

Les maisons de la ville fatiguent la vue par leur blancheur; les rues sont très étroites, et presque impraticables à cause des bestiaux qui y séjournent pendant les nuits.

Pour faire de Bonne un des premiers marchés de l'Afrique, il ne faudrait que lui rendre son port, devenu impraticable par la quantité de lest que les vaisseaux y ont jetée; nettoyer sa rade, de jour en jour plus dangereuse; débarrasser la ville des décombres qui en obstruent les communications, et y amener l'eau, très abondante dans le voisinage.

Les côtes voisines offrent beaucoup de corail.

Sous Louis XIV, les Français avaient dans cette ville un comptoir qu'ils ont abandonné à l'époque de la révolution. Les Anglais, qui obtinrent en 1805 la permission d'y former un établissement, n'en ont pas encore profité : des vues plus vastes les occupent.

On évalue la population de Bonne à 5,000 ames qui ont échappé à la peste de 1817 ; avant cette époque elle s'élevait à 12,000, composée de Turcs, de Maures et de Juifs, tous très malheureux, malgré le petit commerce qu'ils font de laine, cire, peaux et grains.

Les environs, nommés pays des Jujubes, à cause de la quantité de ce fruit qui y croît, sont en effet remplis de jardins plantés d'arbres fruitiers ; ils offrent de jolies promenades, et sont tellement fertiles qu'on laisse périr sur les branches les olives, limons, jujubes, figues et autres fruits.

Store, l'ancienne *Lusicada*, est située au fond d'un golfe spacieux et commode : ce sont les restes d'une ville autrefois célèbre, où se trouvent quelques antiquités, dont les mieux conservées sont des citernes maintenant converties en magasins à blé. Ce port, autrefois très fréquenté, serait aujourd'hui inconnu s'il ne s'y faisait de loin en loin quelques chargemens du meilleur froment de l'Afrique.

Le Bastion de France était un établissement fondé pour la pêche, en 1560, par quelques Provençaux. Il fut pillé et détruit par des corsaires turcs et rétabli plus tard par ordre du sultan. Cet établissement fut enfin transporté à la Calle, dans une situation plus saine et plus convenable.

La Calle, à 105 lieues Est d'Alger, et 50 lieues Est-nord-ouest de Constantine, est entourée de trois côtés par la mer, et défendue du côté de la terre par une muraille.

Le port est protégé par de fortes batteries. Le principal objet de cet établissement est la pêche du corail, qui est très considérable sur les côtes voisines. On y fait aussi le commerce de graines, laine, cire, peaux. On n'y trouve guère que 400 habitans, presque tous Corses ou des départemens du midi de la France.

La Calle était, avant la révolution, le poste d'une compagnie française de commerce, dont le principal objet était la pêche du corail. Les Anglais, qui ne rêvent que l'envahissement de ces contrées, ont tenté en 1806 de se faire céder cette place par les Algériens, moyennant une redevance de 275,000 francs ; mais ils n'ont pas réussi.

Si l'établissement de la Calle tombait au pouvoir d'une puissance maritime de l'Europe, le port de Marseille perdrait par ce changement douze à quinze mille tonneaux de navigation et la place verrait circuler trois ou quatre millions de moins dans son sein.

Dans la province d'Alger, la ville de *Schershel*, ancienne Césarée, étale ses ruines au pied d'une montagne couverte de vergers.

Bescara, capitale du pays de Zab, est, avec quelques bourgades voisines, la seule partie de cette contrée qui ait subi le joug du dey. On y a construit une espèce de fort, défendu par une faible garnison, par six mauvais canons, et par quelques mousquets assez lourds pour avoir besoin d'affût.

Depuis que les Besquaris sont devenus sujets ou tributaires de la Régence, Alger les voit arriver en foule : ils y sont bateliers, palefreniers, portefaix et domestiques ; ils ont durant la nuit la garde des boutiques et des portes qui séparent les quartiers. Après avoir fait une petite fortune dans des professions regardées comme abjectes, ils regagnent leur patrie, où ils jouissent de la considération bien ou mal à propos accordée partout aux richesses.

Gellah est un village considérable bâti près des frontières de Tunis, sur une haute montagne pointue, où l'on ne peut monter que par un chemin fort étroit et très difficile. Ce lieu, que l'on ne pourrait réduire que par surprise ou par famine, auquel on n'a jamais demandé de tribut, et dont aucun soldat n'a jamais approché, sert de temps immémorial d'asile aux mécontens, aux rebelles et aux criminels des deux royaumes ; ils y sont bien traités et en sûreté jusqu'à ce qu'ils soient parvenus à se justifier ou à obtenir leur grace. Des plaines fertiles bien arrosées, remplies de ruines, autrefois très peuplées et très cultivées, entourent Gellah.

Tezzoute, située au centre des montagnes, est une ville de huit à neuf milles de circonférence. Le temps y a respecté sept portes, une grande partie des murailles, et plusieurs monumens qu'on croit avoir été élevés entre le règne d'Adrien et celui de Maxime. Un seul de ces édifices, supporté par des colonnes d'ordre corinthien, paraît être l'ouvrage d'un grand architecte. L'élévation de ses portes fait soupçonner qu'on y mettait ou les éléphaus, ou la catapulte, ou quelque autre machine de guerre.

Mila est une forteresse bâtie pour assurer la communication entre Alger et Constantine. L'autorité des Turcs est si mal établie dans cette partie de leur domination, remplie de montagnes, que, lors même qu'ils sont en paix avec les *Beny-Abbes* qui les habitent, la route la plus fréquentée du royaume ne peut être suivie qu'en grandes caravanes. D'autres postes sont établis à *Messila*, *Zéitou* et *Lupsiré*.

Les autres villes de l'intérieur qui peuvent fixer l'attention sont : *Mesilah*, au nord du lac El-Shot ; *Tifas*, place forte contre les Tunisiens ; *Tebest* et *Tuggurd*.

Ville d'Alger.

Le point principal, la place la plus importante est ALGER, capitale de tout le royaume,
résidence du souverain, et refuge ordinaire
de ses pirates.

Cette ville, située par les 36° 47′ 20″ de
latitude Nord, et 0° 44′ 40″ de longitude Est
du méridien de Paris, est bâtie en amphithéâtre, sur les bords de la Méditerranée et
la pente d'un rocher; une muraille irrégulière
de 3o à 4o pieds de hauteur, et douze pieds
d'épaisseur, bordée par un large fossé, lui sert
d'enceinte ; son approche est défendue par
des redoutes ou forts.

Le fort *Barbazan*, à l'est, sur le bord de
la mer.

Le fort de *l'Empereur*, sur une montagne
au sud-est, domine une partie des environs.
Il a été bâti par Charles-Quint.

Le *Château-Neuf*, ou *Fort de l'Étoile*,
plus au sud, est aussi sur le sommet d'une
colline.

L'*Alcassade* fait partie de l'enceinte de la

ville ; c'est l'ancienne citadelle ; il est séparé des rues par un large fossé.

A l'ouest, le fort *Babalouette,* ou *Bababek* ou de la Rade, commande une assez grande étendue de la mer.

La *Batterie neuve,* sur les rochers de la côte, défend l'approche de la ville du même côté.

La *Batterie,* ou *fort de la marine,* est établie sur l'île de la Lanterne, et défend l'approche du port du côté du nord et du nord-ouest. Cette partie de la fortification, et les doubles batteries casematées qui défendent l'entrée du port, ont été reconstruites après la dernière expédition anglaise ; ils paraissent être l'ouvrage de quelques ingénieurs italiens et pié-montais fuyant des persécutions politiques, et même de quelques élèves de notre école polytechnique victimes des réactions désas-treuses de 1815.

Dix-huit cents bouches à feu garnissent ces fortifications.

Six portes donnent entrée dans des rues sales et étroites : la première, vers l'est, est la porte de *Barbazon* ou *Babazon,* près du bastion de l'est; au sud est celle de l'*Alcassade*, ou porte de l'arsenal. C'est entre ces deux portes que Charles-Quint dirigea sa malheureuse attaque de 1541.

La porte d'*Izeson*, ou *Porte-Neuve*, est à l'ouest de la ville; elle conduit directement au palais du dey. Plus au nord est la *Porte Babalouette* ou *Bababek*, près de laquelle est la place où l'on exécute les chrétiens condamnés, et où se trouvent les cimetières. Sur la partie de l'enceinte qui regarde la mer, la porte du *Môle*, ou de la marine, qui conduit au fanal et aux ouvrages avancés du port; et enfin, plus à l'est, la porte de la *Pêcherie*, qui donne sur la plage.

Les maisons d'Alger ont le plus ordinairement trois étages; elles sont couvertes en terrasses qui forment de petits jardins; une cour de la figure d'un parallélogramme alongé donne du jour dans l'intérieur; car aucune autre ouverture que celle de la porte n'est percée sur la rue : usage bizarre que la jalousie a rendu presque universel dans les régions soumises à l'Alcoran. Ces bâtimens, construits en pierre et en briques, sont blanchis au moins une fois par an, à l'approche d'une grande fête, ce qui donne à la ville une uniformité fatigante pour la vue. L'intérieur des habitations n'offre rien de bien remarquable; on y voit souvent de riches et beaux tapis, et les murs sont couverts d'armes de toute espèce.

Un vaste monument mérite une attention particulière, c'est le palais du dey et le sérail; il est orné de colonnes de marbre et de porphyre, d'un travail précieux, qui soutiennent deux galeries superposées, ornées de sculptures et de mosaïques. La grande cour, entourée par ces galeries, sert aux réunions du divan, qui ont lieu les samedi, dimanche, lundi et mardi de chaque semaine; c'est aussi là que le dey prend ses repas en public : quelques morceaux de fromage, des olives salées, du riz, des sorbets et de l'eau fraîche, composent son royal festin.

On voit à Alger de beaux bazars et un assez grand nombre de mosquées. La plus remarquable a été bâtie en 1790; elle a soixante pieds de haut, quarante de large, forme trois étages, et est soutenue par des colonnes de marbre blanc apportées de Gênes.

Les *casseries* ou *foudouques*, servent à loger les janissaires au nombre de cinq mille, qui composent la garnison de la ville.

On distingue encore quelques hôtels anciennement construits pour les pachas, des bains qui ont une sorte de magnificence, dans le goût arabe.

De beaux aquéducs alimentent cent cinquante fontaines, près desquelles on peut observer l'égalité qui règne parmi les habitans : à chacune de ces fontaines est attaché un gobelet pour les besoins des passans ; ceux qui vont y boire ou remplir leurs cruches doivent, s'ils sont maures, chrétiens ou esclaves, attendre leur tour ; mais si un Turc approche, il y puise sur-le-champ ; un malheureux juif, au contraire, est obligé d'attendre que la place soit entièrement libre, et que les esclaves même soient servis.

La population de cette ville n'est pas connue d'une manière positive ; il paraît cependant qu'on peut l'évaluer à environ cent trente-cinq mille habitans, dont cent mille musulmans, quinze mille juifs ou chrétiens et deux mille esclaves ; quelques relations portent ce

3.

nombre à quatre-vingt mille, et d'autres enfin à cent quatre-vingt mille ou à deux cent mille.

Environs d'Alger.

Les environs d'Alger présentent un sol fort inégal, et c'est cette inégalité même qui en fait principalement le charme : les coteaux et les vallées s'y succèdent sans interruption; les uns et les autres sont couverts de maisons de campagne blanches, simples et modestes, où les personnes d'Alger qui ont un peu d'aisance ne manquent pas de passer la belle saison. Ces habitations champêtres ont toutes un jardin arrosé par des eaux de source, ou par des puits à roue qui les remplacent. Toute symétrie en est bannie ; c'est généralement un mélange confus de fleurs, de légumes, de melons, de blé, d'orge, de grenadiers, d'orangers, de citronniers, de figuiers, d'autres arbres utiles, dont les fruits ne sont ni beaux ni bons, parce qu'on n'est pas dans l'usage de les élaguer, et que l'art de greffer est inconnu ou négligé. Les vignes y furent autrefois très communes, mais les

Arabes les détruisirent par zèle pour la religion. Les Maures sortis d'Espagne, moins
scrupuleux, en plantèrent d'autres, qui donnent un vin assez médiocre, que le gouvernement fait en partie convertir en vinaigre,
pour l'usage des garnisons et des corsaires.

Les propriétés sont entourées de haies vives
de myrte, aubépine, aloès ou autres arbustes;
les meilleures sont formées par le figuier de
Barbarie, qui croît avec une étonnante rapidité, devient haut, épais, piquant et impéné-
trable; il est vert toute l'année. Les femmes
ne se rendent jamais à pied dans ces retraites
embellies par la nature seule; c'est sur un
âne ou sur un mulet conduit par un esclave,
qu'elles y arrivent. Un pavillon d'osier ouvert
par le haut, entouré d'une étoffe de laine
blanche ou rouge, les dérobe à tous les passans, sans les priver du plaisir de voir tout ce
qui se trouve sur la route.

Toute la campagne d'Alger est couverte de
chapelles érigées en l'honneur des marabous
célèbres par des vertus feintes ou réelles, et
par une multitude incroyable de tombeaux.
Ceux du peuple ont la forme d'une bière et

ne sont désignés que par des pierres plates
enfoncées dans la terre; ceux qu'on a érigés
aux pachas et aux deys sont ronds, voûtés,
blanchis, et ont dix à douze pieds d'élévation. Un turban de pierre y est toujours gravé;
la sépulture des agas et des principaux officiers de l'armée n'est distinguée que par une
pique plantée près de leur cercueil.

Port d'Alger.

Autrefois les armemens en course se faisaient devant Alger sur une plage ouverte et
dangereuse; les Espagnols, dans le dessein de
réprimer les pirates, s'emparèrent de l'île dite
de la Lanterne, qui dominait cette partie de
la côte; mais Khair-Eddin les en chassa, et,
avec les bras de trois mille esclaves, construi-
sit rapidement et sans frais un môle qui joi-
gnit l'île à la terre ferme et forma un port. Plus
tard, des travaux de fortification furent exécutés sur cette île; de fortes et doubles batteries y furent élevées, et l'approche en a été
rendue, sinon impossible, du moins très difficile et très dangereuse.

L'entrée de ce port est large ; il y a assez
d'eau pour recevoir des frégates, mais il marque d'étendue : il a cent trente brasses de
long, quatre-vingts de large et quinze pieds
de profondeur. Si les bâtimens de l'état y trouvent un abri commode et sûr, les navires européens, réduits, faute d'espace, à se placer à
l'embouchure, y sont continuellement tour-
mentés par l'agitation des vagues, pour peu
que la mer soit grosse, et courent risque de
périr si le vent du nord ou du nord-est souf-
fle avec violence.

La rade forme un demi-cercle entre la ville
et le cap Matifou ; le fond en est bon ; cependant ce n'est que très difficilement et avec le
secours des meilleurs câbles, que les vaisseaux
de guerre y peuvent tenir durant les tempê-
tes. Le danger qu'ils courent a beaucoup aug-
menté depuis que les Espagnols y abandon-
nèrent leurs ancres, dont les Algériens n'ont
pu relever qu'une partie.

Le cap Matifou est bas et environné de rochers hors de l'eau et sous l'eau, de sorte qu'il
ne faut pas s'en approcher de trop près ; on y
mouille du côté de l'Ouest avec des bâtimens

de sept à dix brasses d'eau, sur un fond d'herbes vaseux, à portée de canon de la terre. On y est à couvert des vents nord-est et nord-nord-est; mais on y est tout à découvert de l'ouest et du nord-ouest.

On peut mouiller sur toute la baie; mais le point préférable est vers l'est-sud-est de la ville, à une petite demi-lieue, par dix-huit à vingt brasses d'eau sur un fond de vase, et un peu plus au large il y a vingt - cinq à trente brasses.

Les navires qui fréquentent les rades de la côte d'Alger, pour leur propre compte ou pour le compte des naturels du pays, abordaient autrefois dans les lieux où ils pouvaient espérer un chargement; c'était alors avec les gouverneurs des provinces qu'ils traitaient immédiatement. Le dey a trouvé que ces gouverneurs abusaient souvent du pouvoir qui leur était confié, et il s'est réservé à lui-même de décider de la qualité, de la quantité et du prix des productions qu'il serait permis d'exporter; depuis cet arrangement c'est dans la capitale même que se font toutes les affaires de commerce; les navigateurs ne se rendent guère dans les différens ports que lorsqu'on a traité d'avance avec le gouvernement.

Un droit d'ancrage est prélevé sur tous les bâtimens; cet impôt, qui d'abord était réduit à la moitié pour ceux qui n'achetaient ni ne vendaient, pesa par la suite sur tous les vaisseaux.

« La douane d'entrée, qui ne tire que cinq pour cent des Européens et des Maures, est de douze et demi pour les Juifs régnicoles ou étrangers; les uns et les autres acquittent ce droit sur un tarif très modéré; les derniers trompent souvent le fisc en faisant venir leurs marchandises sous des noms empruntés, et le trompent toujours en introduisant en fraude tout ce qui a peu de volume et beaucoup de prix (1).

« Aucun des objets qui sortent du pays n'est assujetti à l'impôt, et, par une raison fort simple, ce qui entre dans l'état peut être acheté indifféremment par tout le monde; mais le

(1) Histoire des établissemens du commerce des Européens dans l'Afrique septentrionale, par G. T. Raynal, augmentée par M. Penchet.

gouvernement est le seul vendeur de ce qu'il est permis d'exporter. A l'exclusion des navigateurs et des négocians, il s'approprie les grains de toutes les espèces au prix commun de la place, et règle lui-même la valeur de la laine, du cuir, de la cire qu'on est forcé de livrer à ses magasins, sans avoir la liberté de les exposer au marché. Ce qu'il a obtenu pour peu de chose, il le fait monter aussi haut qu'il le veut, parce qu'il est possesseur de marchandises de premier besoin, et qu'il n'est jamais pressé de s'en défaire. Un tel monopole, le plus destructeur que l'on connaisse, réduit à presque rien ce qu'une contrée si vaste et si fertile peut fournir au besoin des nations ; à peine les denrées qu'on en retire peuvent-elles occuper soixante à quatre-vingts petits navires (1).

« Une conduite moins oppressive aurait permis à toutes les facultés physiques et morales de se développer ; mais la tyrannie a craint que

---

(1) Histoire des établissemens du commerce des Européens dans l'Afrique septentrionale, par G. T. Raynal, augmentée par M. Peuchet, 2 vol. in-8°.

des peuples nombreux et riches ne devinssent trop impatiens du joug sous lequel on les faisait gémir; plutôt que de s'exposer à des révolutions qui doivent se faire plus tôt ou plus tard, une soldatesque insolente, avide et féroce, a consenti à voir le revenu public se réduire à très peu de chose. »

Industrie.

L'industrie est presque nulle dans l'état d'Alger, elle languit comme l'agriculture, le commerce et les arts; quelques manufactures seulement y sont parvenues à un point de perfection qui en fait rechercher les produits; mais il est impossible de rien dire de positif sur la fabrication des objets les plus ordinaires.

« Les métiers les plus estimés à Alger sont ceux de cordonnier, de droguiste, de joaillier et surtout de bonnetier; on fait, comme à Tunis, des quantités de bonnets de laine qui sont exportés dans le Levant. Chaque métier a son chef qu'on nomme *Amin*; il prononce seul sur toutes les petites disputes qui s'élèvent dans sa

corporation. On met en œuvre les métaux sans
le secours du feu, ce qui donne une grande
solidité aux ustensiles. Il y a dans l'intérieur
du pays plusieurs manufactures de faïence et
d'objets de quincaillerie; la laine est très
propre à recevoir toutes les couleurs dont on
veut la teindre. On fait cas dans tout le nord
de l'Amérique des soies fines d'Alger pour les
écharpes à l'usage des femmes. »

« La tannerie et la préparation des cuirs et
des autres peaux est un autre genre d'industrie bien étendu dans ce pays. Le maroquin,
nom qu'on donne à toutes peaux colorées,
est travaillé avec la plus grande perfection.
On en fait de très beaux tapis appelés *Ni-
ram* (1). »

Péche du corail.

La pêche du corail se fait sur la côte de
l'est, près de la frontière de Tunis; les Français ont été long-temps en possession de le

(1) Panenti, relation d'un séjour à Alger.

recueillir, mais les Napolitains et les Siciliens se sont arrogé le droit de venir partager avec eux cette branche de leur industrie, qui est devenue de moins en moins importante; le document officiel suivant est le plus nouveau qu'il nous ait été possible de nous procurer sur son état présent :

Alger, le 25 octobre 1821.

« Pendant la dernière saison d'hiver la pêche du corail n'a été exploitée que par trois barques françaises d'Ajaccio; elles ont pêché trois cent quarante-trois kilogrammes de corail; pendant la saison d'été de l'année 1821, c'est-à-dire depuis le 1er avril jusqu'au 1er octobre, la pêche a été exploitée par trente barques françaises, soixante-dix sardes, trente-neuf toscanes, quatre-vingt-trois napolitaines, dix-neuf siciliennes; en tout, deux cent quarante-huit barques, qui ont produit environ quarante-deux mille cent kilogrammes pesant de corail, de la valeur approximative de 463,000 piastres fortes, ou 2,400,000 francs; la répartition a été faite à l'avantage des Napolitains et des Siciliens. Les Français du Cap-Corse se sont aussi distingués; ils montrent plus d'activité, et ont la précaution de se pourvoir de papiers napolitains. Les pêcheurs d'Ajaccio restent constamment en arrière. Ces deux cent quarante-huit barques étaient montées par environ deux mille deux cent soixante-quatorze hommes d'équipage, et portaient deux mille deux cent trois tonneaux. La pêche s'est étendue depuis la Calle jusqu'au Cap-Roux, et, par conséquent, dans la prolongation des eaux appartenant en propriété à la France. Les corailleurs ont abandonné le golfe de Bona et celui de Nora, sans doute comme moins productifs. »

Commerce.

Les principaux articles qui forment le commerce d'importation d'Alger sont: de Tunis, une grande quantité de bonnets, des étoffes de ses fabriques et des marchandises provenant de la Turquie.

De l'Égypte, une grande quantité de soieries, de sel ammoniac, de toiles, etc.

De Smyrne, des toiles de coton et des étoffes de soie.

De la Toscane, des draps, des dorures de Florence, des verroteries de Venise, des quincailleries d'Allemagne, des mousselines et autres productions de l'Inde, des bois de Campêche et du Brésil, de la garance, de l'acier, de l'orfévrerie, etc.

De la France, du sucre, du café, de la cochenille, du fer, des draps fins, quelques bijoux et quelques étoffes de Lyon.

De la Sardaigne, des sels, des marbres travaillés à Gênes, des briques vernissées et des mouchoirs de soie.

Mais tous ces objets sont en quantité très minime; la plus grande importation se fait avec l'Angleterre, qui stipula, en 1806, le droit exclusif de fournir aux Algériens les articles de ses manufactures et les denrées coloniales, traité qui fut encore exagéré après l'expédition du lord Exmoudt en 1816.

Les objets qui ont le plus de débit dans le port d'Alger sont: la poudre à tirer, les pierres à fusil, les armes à feu, les bois de sapin, le merain, le fer travaillé et les munitions navales de toute espèce.

Les articles d'exportation sont : des ceintures de soie, du vermillon, des couvertures de laine, des plumes d'autruche, du blé, de l'orge, des cuirs, des laines, de la cire, du miel, des toiles grossières, des cotons, des raisins, des figues sèches, des dattes, des brocans, du tabac, de l'essence de rose, de la poudre d'or qui est apportée par les caravanes.

Le produit de la piraterie entre pour beaucoup dans les ventes que fait l'état d'Alger; il est plus ou moins considérable selon que les croisières ont été plus ou moins heureuses. Les transactions les plus régulières et les plus considérables sont faites par les Juifs; on adresse à Alger des demandes assez nombreuses de diverses marchandises; mais le grand nombre de taxes, l'incertitude des paiemens, les difficultés apportées aux exportations, les exactions fréquentes du dey et de ses officiers, empêchent les spéculateurs de s'y rendre et de faire des entreprises de commerce importantes.

Le grain se vend à bas prix sur le marché d'Alger, parce qu'aucune partie n'en peut être exportée sans une permission écrite et munie du sceau du dey ; une pareille licence est également nécessaire pour pouvoir vendre, au-dehors du pays, des huiles, dont on récolte cependant une grande abondance.

Les vins étrangers sont soumis à un impôt excessivement élevé.

Revenu public.

Deux fois par an le dey envoie des troupes aux gouverneurs, qui, jointes à celles qui leur servent de garde ordinaire, procèdent à la perception des impôts, qu'on n'obtiendrait pas sans cet appareil militaire.

On estime le revenu à un million neuf mille piastres ou environ 2,018,000 francs. Quelque bornés que soient ces tributs, ils suffisent pour les besoins de l'État.

Ce revenu consiste principalement dans le produit des pirateries ; le dey ne s'en réserve cependant que le huitième ; le reste est vendu publiquement au profit des armateurs et des

4

équipages. Il y a en outre des impositions fixes sur les juifs et les chrétiens, sur les peuples qui habitent les montagnes et même sur les tribus errantes. C'est presque toujours les armes à la main que se perçoivent les contributions en argent ou en nature. Le dey seul possède le monopole du blé et de la vente des esclaves ou prisonniers.

On peut compter aussi au nombre de ses ressources les tributs auxquels se sont soumises plusieurs nations de l'Europe. Nous verrons l'Espagne acheter, pour la somme de neuf millions, la faveur de n'avoir point ses navires pillés et ses côtes dévastées. Chaque fois qu'une nation chrétienne change son consul, chaque fois qu'il survient un nouveau dey, et dans beaucoup d'autres circonstances, elle doit faire un présent considérable, soit en argent, soit en objets précieux. On ne peut disconvenir que la lâche condescendance des puissances européennes, qui souvent croyaient n'acheter jamais trop cher la tranquillité de leur pavillon, n'ait contribué beaucoup à augmenter l'audace des entreprises de ces pirates.

Anciennement Alger n'avait point de trésor

public, il fut formé, en 1756, des dépouilles
de Tunis; ce premier fonds a été grossi depuis
par les redevances plus ou moins considérables payées par les puissances maritimes; par
les bénéfices sans cesse renaissans de la course;
par les successions des membres du gouvernement morts sans postérité; par les avances
faites aux Juifs et aux Maures qui jouissaient de
quelque aisance; par tous les moyens dont une
tyrannie active et intéressée a pu faire usage.
On présume que ce trésor contient environ
cent millions en or et en argent et la valeur
de la moitié de cette somme en diamans. Ce
trésor, formé par des brigandages multipliés,
peut-il voiler le hideux tableau que présente
cette région infortunée?

Instruction publique.

« Les colléges d'Alger sont des espèces de
séminaires destinés à l'instruction des prêtres
des mosquées et à celle des théologiens qui
prêchent le peuple; un de ces colléges est
uniquement destiné aux habitans de l'intérieur des terres, qui composent la classe des

4.

laboureurs et des domestiques. Au reste, comme la connaissance du Coran comprend toute la littérature d'Alger, et qu'une imprimerie est un objet extrêmement rare partout où domine le culte du prophète, on peut penser que les progrès de l'éducation ne se sont pas élevés bien haut.

« Il y a cependant de nombreuses écoles publiques, où on apprend à lire et à écrire aux enfans de cinq ou six ans et au-dessus ; la méthode invariablement employée dans ce pays semble être la source et l'origine de l'enseignement mutuel ; chaque enfant a une planche sur laquelle il écrit avec de la craie. Un verset du Coran est tracé par l'un d'eux et copié par tous les autres, qui se donnent et qui reçoivent successivement des leçons, tant sur l'explication du texte que sur la formation des caractères. Ces leçons sont ensuite répétées à haute voix au maître accroupi dans un coin avec une longue baguette à la main pour maintenir l'ordre et la subordination. Lorsque l'écolier sait parfaitement lire et écrire le Coran, le professeur achève son éducation en lui apprenant la forme et le mode des prières.

Ce que l'on paie pour être admis dans ces écoles est extrêmement modique; il en existe d'autres du même genre pour les jeunes filles, tenues par des femmes (1). »

Armée,

Les forces permanentes d'Alger étaient autrefois divisées en deux corps, les janissaires et les levantis. Les premiers servaient sur terre et les autres sur mer. Mais les querelles fréquentes qui s'élevaient entre ces deux corps et qui compromirent souvent la sûreté de l'État déterminèrent Mohamed-Pacha à les fondre en un seul. Ce changement eut lieu en 1560 et c'est de cette époque que date la prépondérance d'Alger sur les autres puissances barbaresques.

L'armée de terre est ordinairement composée de 6,000 ou 6,500 Turcs, gardes du souverain, troupe mal disciplinée, objet de terreur pour le peuple. Dans les temps de guerre on arme les *couloglis*, habitans des

(1) Panati, relation d'un séjour à Alger.

villes qui proviennent du mélange des Turcs
avec les femmes maures ou négresses, et des
autres tribus qui errent ou qui végètent dans
le royaume d'Alger. Alors l'armée mobile
peut être de 20 à 30,000 hommes.

On ne peut guère évaluer le nombre des
troupes de mer, attendu qu'il a toujours varié
selon les circonstances dans lesquelles s'est
trouvé l'État.

« La régence entretient à Constantinople et
à Smyrne des agens pour recruter des hommes
et frêter les bâtimens qui les transportent à
Alger ; à leur arrivée, ces recrues sont soldats
de droit, et reçoivent le nom de janissaires ; on
leur assigne une des casernes de la garnison,
à laquelle ils sont censés appartenir pour le
reste de leur vie, quelle que soit leur destinée
future. Si quelque événement favorable ne les
appelle pas à l'administration, ils parviennent
par ancienneté à la plus haute paie de janissaires, et finissent par devenir membres du
divan, où ils sont presque sûrs, quelle que
soit leur ineptie, d'obtenir un emploi avantageux.

« La solde des janissaires, pendant les premiers temps après leur arrivée du Levant, excède à peine un dollar par mois, mais elle s'accroît avec leurs années de service, et est portée jusqu'à huit dollars, qui forment le maximum ; cependant, dans ces derniers temps, les deys l'ont augmentée encore, dans le dessein d'accroître leur popularité. Un corps organisé sur de pareils principes est toujours un instrument favorable aux révolutions. Ils ont pour ration journalière deux livres de pain ; ceux qui ne sont pas mariés logent dans des casernes vastes et commodes ; ils sont obligés de s'habiller, et le gouvernement leur passe à un prix assez modique les armes et les munitions. Un janissaire sous les armes a au moins une paire de pistolets, un cimeterre, un poignard et un fusil, le tout aussi riche que ses facultés peuvent le permettre. Avec cet équipement et son costume, il ne ressemble pas mal à un valet de carreau. »

C'est dans cette classe qu'on choisit les deys et tous les grands officiers de l'État.

Les autres forces militaires, composées d'indigènes et de Turcs, peuvent s'élever à 15,000 hommes, répartis sur différens points du royaume, et employés spécialement à la perception des impôts. Leur organisation, qui n'a rien de commun avec celle des janissaires, est fort imparfaite.

Marine.

La marine algérienne égalait il y a deux siècles celle des premiers états maritimes de l'Europe; en 1795 elle ne se montait plus qu'à une douzaine de vaisseaux, qui furent brûlés en partie, par les Anglais, le 27 août 1816.

Elle consiste aujourd'hui en 3 frégates, 2 corvettes, 2 bricks, 5 goëlettes, une polacre et un chebeck ; en tout, quatorze bâtimens.

Gouvernement.

L'État d'Alger envahi successivement par différens peuples, reçut aussi des divisions et des lois au gré des caprices et des intérêts de ces mêmes peuples. Mais, dès qu'il fut soumis à la domination de la Porte, il fut gouverné par des pachas envoyés par le grand-seigneur.

Ces officiers sachant que leur autorité ne devait avoir qu'un temps limité, s'empressaient d'en profiter dans l'intérêt de leur fortune. Ils levaient arbitrairement des contributions, diminuaient les dépenses utiles de l'État pour grossir leurs revenus, négligeaient toute espèce d'amélioration, laissaient tomber en ruine les établissemens publics, les fortifications, et exposaient ainsi l'État aux plus grands dangers.

Des plaintes vives furent adressées au grand-seigneur, qui consentit à laisser aux milices turques, qui formaient seules la noblesse du pays, le choix de leur gouverneur, qui prit le nom de dey. Un pacha y fut toujours envoyé par la Porte; mais, ce personnage étant sans autorité, fut par la suite supprimé. Les élections des deys, pris toujours parmi les soldats turcs ou janissaires, ont toujours été l'occasion des plus affreux désordres. Presque tous sont morts assassinés, et Ali, l'un d'eux, fut considéré comme un saint parce qu'il eut le bonheur de mourir dans son lit. Le nouveau dey doit toujours solliciter de la Porte la confirmation de son élection qui n'est jamais

refusée. Cette confirmation doit être donnée
tous les deux ans. De son côté, le dey con-
tracte l'obligation de faire battre monnaie à
l'effigie du sultan, de prier pour lui dans les
mosquées, d'envoyer à chaque nouveau sultan
une ambassade accompagnée de riches présens et de joindre ses vaisseaux aux flottes
de la Porte, en cas de guerre et lorsqu'ils
en sont requis. Lorsque ces diverses obliga-
tions ne sont point exactement remplies, on
n'entreprend pas de contraindre les deys
à y être fidèles, tant ils ont su malgré l'espèce d'hommage qu'ils rendent au chef des
croyans se rendre indépendans de lui.

« Le gouvernement d'Alger n'est au fond
(dit M. Shaler, qui a été dix ans consul dans
ce pays) qu'une république militaire avec un
chef électif et nommé à vie; ses formes se
rapprochent, en petit, de celles de l'empire
romain après la mort de Commode. Le gouvernement se compose ostensiblement d'un
chef suprême et d'un divan ou grand conseil,
formé de militaires qui commandent ou ont
commandé des corps, et dont le nombre est
indéterminé. Le divan élit les deys et délibère

sur les objets que ceux-ci jugent à propos de lui soumettre. »

Les premières places du gouvernement sont occupées par les officiers de l'orta ou régiment de janissaires. On donne le nom de beys aux gouverneurs de province. Il y a, outre cela, un conseil de trente ministres, tous soldats chargés d'exécuter la volonté du dey, qui est la loi suprême; un inspecteur de la marine, un surveillant des esclaves, de nombreux espions. Chacun de ces fonctionnaires est obligé à de fortes redevances envers le chef suprême. Pour y satisfaire il est obligé de mettre à contribution tous ceux qui dépendent de ses attributions. Les actes les plus injustes, les vexations les plus révoltantes, lui sont permis. La résistance est sur-le-champ punie de mort.

La justice, si l'on peut donner ce nom aux arrêts du chef d'un pareil gouvernement, est rendue par lui dans la cour carrée qui se trouve au milieu de son palais comme à toutes les maisons d'Alger. Il est assis sur un banc de pierre et entouré de ses ministres. Les audiences commencent au point du jour, durent trois ou quatre heures, et sont reprises l'après-midi. Les jugemens sont prononcés en premier et dernier ressort et exécutés sur l'heure. Les supplices les plus ordinaires sont le pal, la strangulation et la décapitation. Les esclaves et les juifs ne sont point jugés d'une manière aussi solennelle; on les fait périr sans aucune façon au moindre grief qu'on a contre eux.

Ainsi dans ce pays point de lois, point de justice, point d'impôts réguliers, rien qui protège le faible contre le fort, qui garantisse à chacun la libre possession de ce qui lui appartient. La plus affreuse tyrannie y règne sans obstacle, et c'est en vain que l'humanité a jusqu'à ce jour fait entendre sa voix en faveur des victimes de ces exécrables brigands.

La ville d'Alger est administrée par d'autres autorités que celles placées à la tête du gouvernement; ces autorités sont toujours choisies parmi les indigènes. Il n'existe peut-être pas de ville où la police ait plus de vigilance et d'activité, où il se commette moins de crimes, et où, enfin, la vie et les propriétés des habitans soient mieux protégées par le gouvernement. M. Shaler, qui avance ces faits, a grand soin d'établir une distinction entre les Turcs et les

Algériens proprement dits, chez lesquels il a trouvé autant de politesse et de savoir-vivre que d'humanité.

Histoire d'Alger.

Après avoir fait connaître l'état actuel du royaume d'Alger, jetons un coup-d'œil sur ce qu'il fut autrefois; voyons quelle a été son origine, par quels événemens il est devenu la terreur de la chrétienté, quelles sont les attaques qu'il a eu à repousser de sa part, et laissons ensuite aux hommes d'état et aux prophètes politiques le soin de découvrir d'avance, d'après ce tableau, le résultat de l'expédition qui se prépare.

Nous ne chercherons point dans l'antiquité si c'est *Ruscurum*, *Iconium*, *Julie Césarienne* ou *Saldæ* qui occupaient la place où la ville d'Alger a été bâtie. Les auteurs ne sont pas d'accord sur ce point. Ce qu'il y a de plus certain, c'est que l'état d'Alger se compose aujourd'hui d'une partie de la Numidie et de la Mauritanie Césarienne. Salluste prétend que les Maures et les Numides descendent des

Libyens, des Gétules et des Perses, de Mèdes
et d'Arméniens venus d'Espagne après la mort
d'Hercule, leur chef, qui les avait conduits en
Espagne. Il serait superflu de faire sentir l'in-
vraisemblance d'une pareille origine, et nous
abandonnons toute recherche à cet égard. Les
Numides et les Maures ont eu long-temps des
rois indigènes; ces derniers, dont le pays tou-
chait à Carthage, ne dépendirent jamais entièrement de cette république, et ne la servaient qu'en qualité de mercenaires. Annibal
en avait un grand nombre dans l'armée qu'il
conduisit par les Alpes à la conquête de l'Italie; mais ils périrent tous dans cette expédition. Leur alliance fut aussi très utile aux Romains sous Massinissa, un de leurs rois. Plus
tard ils leur firent la guerre, et Jugurtha rendit long-temps vains les efforts des généraux
romains par la valeur de ses troupes, ses ruses
et ses largesses. Il fut enfin trahi par le sort
et par Bacchus, son allié, roi des Maures, qui
le livra à Marius. Ainsi finit la guerre dite de
Numidie.

Lorsque les partisans de Pompée se réfu-
gièrent, après sa mort, en Afrique, et que

César les y eut poursuivis, les Numides prirent parti pour les ennemis du vainqueur. Les alliés furent défaits en plusieurs rencontres. Juba, roi des Numides, se fit tuer de désespoir par un de ses esclaves, ce qui, après cinq mois, mit fin à cette guerre qui aboutit à faire de la Numidie une province romaine.

En 428, les Vandales, après avoir traversé l'Espagne et établi leur domination sur une partie de ce pays, vinrent, sous la conduite de Genseric, s'emparer de toute la côte d'Afrique et fonder un royaume sur les ruines dé Carthage. Mais Bélisaire les en chassa en 523, et les pays sur lesquels ils avaient établi leur puissance éphémère, demeurèrent soumis à l'empire grec jusqu'à l'invasion des Sarrasins en 690. Ces nouveaux maîtres de l'Afrique se rendirent, sous des chefs de leur choix, indépendans de l'autorité des califes. Ils se battirent entre eux, et c'est au sein de leurs sanglans débats, auxquels se mêlaient les indigènes non moins turbulens et moins féroces qu'eux, que s'élevèrent les royaumes de Fez, Maroc, Alger, Tunis, Tripoli. Dans le quinzième siècle, les Turcs s'étant emparés de Constantinople, devinrent aussi les maîtres des états barbaresques; mais le grand-seigneur ne pouvant exercer une autorité directe sur des provinces aussi éloignées du chef-lieu de son empire , y envoyait des officiers qui les gouvernaient sous le titre de pacha.

On connaît peu les nombreuses révolutions dont ces pays, plongés dans la barbarie, furent le théâtre. Rien de plus dégoûtant et en même temps de moins instructif que l'histoire de ces royaumes. Des assassinats, des pillages, telles sont les scènes continuelles qu'elle offre au lecteur et que nous n'entreprendrons point de retracer, notre but n'étant que de donner une idée de l'histoire d'Alger dans ses rapports avec celles des puissances européennes.

Les habitans de ces contrées, si divers dans leur origine, se ressemblaient sous un rapport; ils étaient tous avides de guerres et de brigandages. Ils étaient trop fourbes et trop perfides pour se prêter à un commerce régulier et de bonne foi avec les autres nations; l'agriculture, pour eux, quoiqu'ils fussent en possession de pays qui avaient été les

greniers de l'Italie, était une occupation fasti-
dieuse et bonne tout au plus pour leurs esclaves. Ils devinrent alors ce que deviennent
dans tous les pays les hommes vicieux et ennemis de tout travail, des brigands. La Méditerranée fut le théâtre de leurs exploits. S'ils
rencontraient un navire chrétien, ils man-
quaient rarement de s'en emparer. Joignant
l'audace à la plus grande activité, ils insul-
taient même les plus forts bâtimens de guerre,
et leur échappaient facilement, grace à la lé-
gèreté des leurs. Ils faisaient de fréquentes descentes sur les côtes qu'ils savaient privées de
défense, et ne les quittaient point sans avoir
laissé des traces sanglantes de leur visite. Sa-
vaient-ils que quelque grand personnage ha-
bitât le bord de la mer, ils épiaient ses démar-
ches et s'en emparaient avec la résolution de
ne le rendre qu'au moyen d'une forte rançon.
Combien de familles furent ainsi réduites au
plus dur esclavage!

L'Espagne dut être la première à souffrir
des entreprises des pirates algériens. Ce fut
aussi d'elle que partit la première attaque
contre eux.

En 1509, le cardinal Ximenès, régent de Castille, se transporta de sa personne, à l'âge de près de quatre-vingts ans, sur les côtes de l'Afrique, et s'empara d'Oran, qui était alors l'établissement le plus fort des barbaresques. Il reprit ensuite la route d'Espagne, laissant la conduite des opérations ultérieures au comte de Navarre, qui se rendit maître de Bugia et de plusieurs autres villes considérables. Cet habile général ne put poursuivre ses conquêtes, faute des secours que l'intrigue et la jalousie des grands parvinrent à lui faire refuser.

A cette époque parurent deux hommes qui rendirent les Algériens plus redoutables encore aux puissances chrétiennes, et les mirent pour long-temps à l'abri des châtimens que méritaient leurs déprédations.

Goroudg ou *Horuc, Khair-Eddin* ou *Cheredin.*

Deux frères, fils d'un potier de l'île de Lesbos, doués du caractère le plus entreprenant, et ne pouvant se contenter de l'honnête et modeste condition de leur père, se joignirent

à une troupe de pirates et se mirent à chercher fortune sur mer. Un petit bâtiment dont
ils s'emparèrent en devint la base. Ils eurent
bientôt avec lui une flotte de douze galères et
de plusieurs autres petits vaisseaux dont Horuc
l'aîné, surnommé Barberousse, à cause de la
couleur de sa barbe, fut le commandant. Il
faisait de fréquentes descentes sur les côtes de
l'Italie et de l'Espagne, pillant, dévastant
tout, et répandant partout la terreur.

Pour mettre ses prises en sûreté, il les portait sur les côtes de l'Afrique, dont les ports,
voisins des états de la chrétienté, étaient dans
une situation favorable à leurs entreprises;
aussi résolurent-ils d'y former un établissement durable. L'occasion s'en présenta bientôt, et elle lui fut donnée par le roi même
d'Alger, *Entémi*. Ce roi, trop faible pour chas-
ser les Espagnols établis à Oran, réclama l'as-
sistance des Barberousses. Horuc n'hésita pas.
Il laisse le commandement de sa flotte à son
frère, marche à la tête de six mille hommes
vers Alger, où il est reçu comme un libéra-
teur. Il profite de la confiance des Algériens
pour faire assassiner leur prince et s'asseoir

5.

sur son trône. Sa conduite comme roi fut un mélange de libéralité et d'avarice, de clémence et de cruauté. Il ajouta à son royaume celui de Tremisen; mais son élévation ne servit qu'à favoriser ses pirateries. Le cardinal de Ximénès voulut lui faire la guerre et envoya contre lui une armée de dix mille hommes qui fut défaite et forcée de retourner avec honte en Espagne. Cet audacieux forban crut alors que rien ne pouvait l'arrêter, et, après ses courses, réfugié dans sa retraite d'Alger, il bravait la colère des puissances dont il avait insulté le pavillon et emmené les sujets en esclavage.

Charles-Quint se décida enfin à réprimer ces affreuses violences; dès le commencement de son règne, en 1519, il envoya contre Horuc le marquis de Gomarès, gouverneur d'Oran, qui, aidé du roi détrôné de Tremisen, défit le roi pirate et l'assiégea dans sa conquête. Horuc, en voulant se sauver, fut tué après avoir fait des prodiges de valeur.

Son frère monta sur le trône d'Alger à sa place, gouverna avec prudence et bonheur; mais les Maures ne souffrirent son autorité qu'avec peine; d'un autre côté il ne se sentait pas assez fort pour résister aux puissances chrétiennes, dans le cas où elles se réuniraient pour l'attaquer. Il se décida à faire hommage de son royaume à Soliman, qui augmenta ses forces d'un corps de troupes considérable, et finit par lui confier le commandement de la flotte ottomane, pour l'opposer à André Doria, célèbre amiral de ce temps. Cheredin se rendit à Constantinople où il proposa la conquête de Tunis, alors en proie à l'anarchie. Mahmed, roi de cet état, venait d'être empoisonné par ordre de Muley-Assan, le dernier de ses trente-quatre enfans, et qu'il avait désigné pour lui succéder. Il fit ensuite périr tous ses frères. Al-Raschid seul échappa; ce prince, après plusieurs tentatives inutiles pour recouvrer le trône de son père, s'enfuit à Alger, où Barberousse l'accueillit avec empressement; il l'emmena à Constantinople, sous le prétexte d'implorer pour lui la protection du sultan; mais il s'en débarrassa en décidant le grand-seigneur à l'enfermer dans le sérail, d'où ce prince fugitif ne reparut jamais. Pendant ce temps-là Barberousse fait voile vers l'Afrique, paraît devant Tunis, dont les habi-

tans lui ouvrent les portes, espérant qu'il lui
ramenait Al-Raschild; se voyant trompés, ils
voulurent faire résistance; mais ils furent con-
traints à l'obéissance : Soliman fut proclamé
leur souverain, et Cheredin son pacha.

Ainsi maître d'une grande étendue de pays,
il ne mit plus de bornes à ses violences. Charles-Quint, recevant de tous côtés des plaintes
de ses sujets spoliés, résolut enfin d'employer
ses forces contre le pirate, et de commander
lui-même son armée. Il voulut aussi se montrer le protecteur du prince détrôné et con-
clut un traité avec lui. Il s'embarqua donc à
Barcelonne, accompagné de l'élite de la noblesse espagnole, et fit voile pour Cagliari,
rendez-vous général de son armée. Sa flotte,
composée de cinq-cents navires chargés de
plus de 30,000 soldats, partit de ce port le 16
juillet 1525. Barberousse était préparé à la
bien recevoir. Les hostilités commencèrent
par le siége du fort de la Goulette, qui fut pris
d'assaut le 25 juillet. L'armée impériale s'a-
vança ensuite vers Tunis et rencontra bientôt l'armée de Barberousse qui fut mise en déroute. La prise et le pillage de la ville furent

la suite de cette victoire. Charles-Quint réta-
blit Muley-Assan sur son trône et retourna immédiatement dans ses états, ne pouvant, à
cause de la saison, poursuivre Barberousse
qui s'était réfugié à Bona.

Depuis que ce dernier commandait en qualité de pacha les armées navales de la Turquie, Alger était gouverné par Hassan
Aga, eunuque renégat, célèbre aussi par l'audace de ses entreprises. Il seconda si bien son
maître, que le commerce de la Méditerranée
devint impraticable, et ses descentes en Espagne tellement fréquentes, qu'on fut obligé
d'élever sur les côtes, de distance en distance,
des corps-de-garde qui avértissaient, au moyen
de signaux, de l'approche des barbaresques.
Charles-Quint, débarrassé pour un temps des
guerres de l'Europe, se détermina à entreprendre de forcer ces brigands dans leur repaire. André Doria, marin d'une expérience
consommée, connaissant les difficultés de
l'entreprise, voulut, dans l'intérêt de la gloire
de l'empereur, le détourner de son projet ;
mais Charles persista et s'embarqua sur les galères mêmes de Doria, à Porto Venere, pour

rejoindre sa flotte, réunie comme la première fois à l'île de Sardaigne. Ses forces consistaient en 20,000 hommes d'infanterie, 2,000 de cavalerie, l'élite de ses soldats, 3,000 volontaires, 1,000 soldats de Malte et 500 chevaliers de l'ordre. C'était en 1541. Après une navigation difficile et malgré la violence des vents qui régnaient sur la côte d'Afrique, il débarqua non loin d'Alger, le 23 octobre 1541, et marcha sur cette ville avec toutes ses forces, tandis que Hassan n'avait à lui opposer que 800 Turcs et 5,000 Maures. La grande supériorité des forces de Charles-Quint devait lui faire espérer les plus brillans succès ; mais il eut affaire à un ennemi auquel il ne s'attendait pas. Deux jours après son débarquement, la plus horrible tempête vint assaillir son armée qui, sans tente, sans abri, fut exposée à l'impétuosité de l'ouragan et de la pluie. Le camp était inondé d'eau, et le soldat dans la boue, ne pouvant faire aucun mouvement ni en avant ni en arrière, ne pouvait se soutenir qu'au moyen de sa lance. Hassan voyant la position critique de l'armée impériale, sortit de la ville avec ses soldats qui n'avaient aucunement

souffert de l'orage, et tomba sur ceux de Charles-Quint qui ne purent résister à ce choc et
furent mis en déroute. Mais le malheur le plus
grand fut la perte de la flotte et des subsistances qu'elle portait. L'empereur avait la
douleur de voir en même temps ses soldats
massacrés et ses vaisseaux brisés ou engloutis.
En moins d'une heure, quinze vaisseaux de
guerre et cent-soixante bâtimens de transport
furent perdus pour lui. Sur le soir, cependant,
la violence du vent s'affaiblit, et il avait raison
d'espérer qu'il resterait encore assez de bâtimens pour transporter le reste de son armée;
mais cette espérance fut trompée. La tempête
devint tellement violente que l'amiral ne pouvant ni communiquer à terre ni demeurer
plus long-temps dans ces parages, alla mettre
sa flotte en sûreté sous le cap Métafuz ou Matifou, d'où il invita l'empereur à venir le rejoindre. Il fallait marcher pendant quatre
jours pour arriver à ce point désiré, et l'armée dépourvue de subsistances pouvait difficilement franchir cet espace. Il fallut cependant partir. Alors les difficultés des chemins,
les attaques continuelles des Maures, la famine,

firent encore périr un grand nombre de soldats; ce qui restait de cette armée si formida-
ble s'embarqua à Matifou; mais la tempête
qui semblait ne vouloir laisser aucun relâche
aux vaisseaux les dispersa de nouveau, et ils
n'arrivèrent que difficilement en Espagne.
L'empereur, obligé de relâcher dans le port
de Bugia, n'arriva à Carthagène qu'après avoir
couru les plus grands dangers. Le fameux
Fernand Cortez assistait, dit-on, à cette expédition comme volontaire.

En 1601, l'Espagne voulut tenter un nou-
vel effort contre Alger. La flottille destinée à
cette opération entra dans la baie le 5 août;
mais un vent qui vint à souffler de la terre la
repoussa en pleine mer et mit le désordre
dans l'armement. Les Espagnols durent se fé-
liciter de cette circonstance, car leurs vaisseaux étaient si mal équipés, leurs troupes
de débarquement si peu nombreuses, qu'ils
ne devaient s'attendre qu'aux plus grands dé-
sastres devant une ville revêtue de fortifications redoutables.

A cette époque, la marine d'Alger était la
plus puissante du globe, par le nombre, la

force de ses vaisseaux, l'audace et l'habileté
de ses marins : ce fut donc aussi l'époque de
ses plus grandes déprédations. En vain les
puissances européennes envoyaient-elles souvent des ambassadeurs à Constantinople,
pour demander qu'on fît respecter leurs pa-
villons. Le sultan faisait la sourde oreille ;
intérieurement, il n'était pas fâché de voir les
chrétiens humiliés devant le Croissant ; son
autorité, d'ailleurs, n'aurait pas été assez forte
pour leur donner la satisfaction qu'ils deman-
daient.

Les premiers armemens de la France contre
Alger eurent lieu en 1617, sous le règne de
Louis XIII. Les préparatifs furent considérables. On se vantait de pouvoir réussir à soumettre les forbans ; mais les exploits de l'amiral Beaulieu, qui commandait l'expédition, se
bornèrent à la destruction de trois ou quatre
bâtimens corsaires. Ils se vengèrent large-
ment de cette attaque en portant la désolation
sur les côtes de la Provence.

Les Anglais voulurent aussi armer contre
les dominateurs de la Méditerranée. Robert
Mamel partit de Portsmouth en 1620 pour les

chercher et les combattre. Il se vanta, à son retour, d'avoir coulé à fond un grand nombre de bâtimens algériens; mais ses récits dénués de preuves trouvèrent alors beaucoup d'incrédules, et il fut même accusé d'être demeuré en repos dans un des ports ennemis, entretenant des intelligences avec les barbares qu'il était venu combattre. On ignore si cette accusation était fondée ; mais ce qui est certain, c'est qu'à la suite de cette expédition, la navigation de la Méditerranée ne fut pas rendue plus sûre. L'audace des pirates fut telle qu'ils poursuivaient, jusque dans les ports de la Turquie, les alliés même du grand-seigneur.

En 1664, autre tentative de la France.

Le duc de Beaufort, chargé de la diriger, ne put parvenir à s'établir près du port de Gigeri, comme le voulait son plan de campagne. Il perdit son artillerie et une grande partie de ses troupes.

En 1671, Édouard Spragge vint pour attaquer Alger. Il rompit la chaîne qui fermait l'entrée du port, brûla quelques vaisseaux, et se retira.

A cette époque, la Hollande avait atteint
son plus haut degré de prospérité ; ses vaisseaux sillonnaient toutes les mers du globe,
et allaient mettre à contribution les pays les
plus reculés. Bien que le commerce qu'elle
faisait alors dans la Méditerranée ne fût pas
très important, les déprédations que com-
mettaient les barbaresques lui causaient encore de grands dommages, et une république
aussi fière et aussi puissante ne pouvait sup-
porter tranquillement de pareils affronts.
L'amiral Ruyter, le plus grand homme de
mer de son temps, fut chargé d'une expédition dans la Méditerranée. Elle n'eut point
lieu par une attaque décisive contre le repaire des pirates ; mais l'habile marin prit
des mesures tellement sages et vigoureuses
contre eux, qu'il les força pour long-temps
à respecter le pavillon hollandais.

Aux expéditions des puissances européennes
succédèrent les armemens particuliers de plusieurs Français : Tourville Hocquincourt et le
vieux Paul vinrent aussi se mesurer avec les
pirates tant d'Alger que des autres régences
barbaresques ; mais battus sur un point ils

reparaissaient sur un autre, se jouant pour ainsi dire des efforts des plus habiles marins de l'Europe.

Louis XIV enfin, qui venait de dicter la paix à l'Europe, ne put voir sans indignation son pavillon continuellement insulté par des misérables forbans. Il résolut de se venger de leurs attaques, et envoya, en 1681, le célèbre Duquesne bombarder la ville d'Alger. Ce fut la première fois qu'on se servit des galiotes à bombes inventées par Renauld. L'effet en fut terrible ; une partie de la ville fut écrasée ; mais les orages ayant obligé Duquesne à quitter la rade, l'expédition fut abandonnée. Le dey d'Alger ayant su ce qu'elle avait coûté en exprima son étonnement au consul français qu'il avait alors près de lui : *Si votre maître*, lui dit-il, *avait voulu me donner la moitié de cette somme, j'aurais brûlé la ville tout entière.*

La leçon donnée par Louis XIV aux Algériens n'ayant pas été suffisante, il renvoya Duquesne en 1683 pour renouveler le bombardement. La moitié de la ville fut encore réduite en cendres. Alors le dey, épouvanté,

demanda la paix, et les négociations s'éta-
blirent. On exigeait des Algériens qu'ils mis-
sent les esclaves en liberté, et rendissent les
bâtimens enlevés, ainsi que les marchandises
qu'ils portaient. Ils étaient disposés à souscrire
à ces conditions, quelque dures qu'elles fussent pour des pirates. Mais le fameux corsaire
Mezzo Morto fit révolter la milice, massacra
le dey, rompit les négociations, se saisit du
négociateur français, le mit, dit-on, dans un
mortier, le tira comme une bombe, et fit
souffrir les plus cruels tourmens aux Français qui tombèrent entre ses mains. Duquesne
alors assaillit de nouveau la ville, résolu à ne
pas y laisser pierre sur pierre ; mais une violente tempête vint la sauver comme du temps
de Charles-Quint. L'amiral français fut obligé
de s'éloigner pour ne pas voir périr sa flotte ;
mais il laissa quelques bâtimens pour bloquer
le port. Les Algériens, presque réduits à la
dernière extrémité, demandèrent la paix, qui
leur fut accordée à des conditions bien moins
rigoureuses qu'on ne s'y attendait.

La mise en liberté des esclaves chrétiens
en fut une des conditions. Lorsque Damfre-

ville, capitaine de vaisseau, vint les réclamer
au nom du roi de France, il se trouva parmi
eux beaucoup d'Anglais qui, ne voulant pas
devoir leur liberté au roi de France, soutin-
rent qu'elle leur était donnée à la considération du roi d'Angleterre. Ils étaient déjà em-
barqués. Damfreville les fit mettre à terre, et,
s'adressant aux Algériens : *Ces gens-là*, leur
dit-il, *prétendent n'être délivrés qu'au nom
de leur roi. Le mien ne prend pas la liberté
de leur offrir sa protection : il vous les remet;
c'est à vous à montrer ce que vous devez au
roi d'Angleterre.* Ils furent sur-le-champ ren-
dus à l'esclavage.

. En 1708, les Algériens reprirent Oran sur
les Espagnols. Les Français, sous les ordres du
comte de Mortemart, la reprirent en 1732.
Elle fut cédée par eux à l'empereur de Maroc
en 1791; mais elle est rentrée depuis dans le
domaine de la régence d'Alger.

En 1755, les Espagnols reprirent les pro-
jets de destruction si souvent infructueux. La
nouvelle expédition ne réussit pas mieux que
les précédentes. On en fit une autre en 1784,
qui n'eut pas plus de succès; mais, au moyen

d'une somme de 9 millions qu'on leur paya, les pirates consentirent à ne plus infester les côtes d'Espagne.

La navigation de la Méditerranée offrit un peu plus de sécurité pendant les dernières années du dix-huitième siècle et sous le commencement du dix-neuvième. Mais en 1814, à la chute de l'empire français, les barbaresques recommencèrent la série de leurs brigandages. Ils firent des descentes sur plusieurs points des côtes d'Espagne, de Sicile, d'Italie, dans différentes îles de la Méditerranée, dévastant les campagnes, et emportant avec eux les habitans pour les vendre dans les bagnes d'Afrique.

D'aussi violens excès soulevèrent d'indignation toute la chrétienté. Des ouvrages indiquant les mesures à prendre pour détruire les pirateries parurent en grand nombre ; des associations se formèrent dans ce but. Pendant un séjour à Paris, sir Sydney Smith établit la société des *Anti-Pirates*. Les tribunes de France et d'Angleterre retentirent de plaintes ; l'humanité outragée réclamait des mesures vigoureuses.

6

Des corsaires d'Alger et de Tripoli ayant osé attaquer le pavillon britannique, lord Maitland à Tripoli, et lord Exmouth à Alger, vinrent demander satisfaction de ces insultes. Ce dernier, n'ayant pas de forces suffisantes pour attaquer Alger, força cependant cette régence à signer un traité avec les états de Naples et de Sardaigne. Mais, à l'abri de ces négociations, le dey méditait de nouvelles excursions; il renforça son armée, équipa de nouveaux vaisseaux, et s'assura, sinon de la coopération, du moins de la neutralité de la Porte, du pacha d'Égypte et de l'empereur de Maroc.

Ces préparatifs terminés, le dey fit arrêter le consul britannique, massacrer des chrétiens à Oran; ses corsaires infestèrent les mers; les côtes d'Italie et de Sardaigne furent encore ravagées; ils brûlèrent plusieurs villages, et emmenèrent avec eux plus de deux cents habitans qu'ils réduisirent en esclavage. Ils attaquèrent trois à quatre cents barques de diverses nations, qui, sur la foi des traités, étaient occupées à la pêche du corail près de Bonne. Un coup de canon fut, au lever du soleil, le signal de cette attaque. Les équipages, sans distinction de pavillon, furent massacrés ou conduits dans les déserts de l'Afrique.

Il ne fallait pas moins que de pareils excès pour faire cesser l'indifférence européenne, et provoquer une répression qui pût enfin en arrêter le cours. L'Angleterre et la Hollande se chargèrent de ce soin. Un armement considérable se prépara dans les ports de la Grande-Bretagne : le commandement en fut donné à l'amiral Exmouth.

Le dey s'empressa de faire réparer les fortifications, de monter de nouvelles batteries, et d'armer trente mille Maures et Arabes réunis à la milice turque.

L'expédition anglaise appareilla à Gibraltar ; trente-deux voiles s'y réunirent, et furent chargées de machines incendiaires ; l'amiral des Pays-Bas Capellen, avec six frégates et un brick, se réunit à elle, et les deux escadres parurent devant Alger le 27 août 1816, vers une heure après midi.

On fit d'abord, mais infructueusement, des tentatives pour entrer en négociations. Les Anglais embossèrent leurs vaisseaux à

demi-portée de canon, sous le feu des batteries de la place et de la rade ; lord Exmouth
se plaça lui-même à l'entrée du port, et tellement près des quais que ses mâts touchaient
les maisons : dans cette position, ses batteries
prenaient à revers celles de l'intérieur du port,
et foudroyaient les canonniers qui restaient à
découvert.

Les Algériens supportèrent pendant six
heures le feu de l'ennemi sans paraître disposés à céder, quand deux officiers anglais
se déterminèrent à aller dans une embarca-
tion attacher une chemise soufrée à la première frégate algérienne, située à l'entrée du
port, et y mettre le feu. Cette intrépide
démarche eut un plein succès : en peu de
temps l'escadre algérienne fut la proie des
flammes, l'arsenal et le port incendiés, et un
grand nombre de maisons détruites par les
bombes.

Le lendemain l'amiral anglais adressa au
dey la lettre suivante :

« SIRE,

« La flotte sous mes ordres a fait hier un

châtiment signalé, par l'ordre du prince régent d'Angleterre, des atrocités commises par vous à Bona sur des chrétiens sans défense, et du mépris que vous avez fait des demandes que je vous avais présentées ; ce châtiment a été la destruction totale de votre marine, de vos magasins, de l'arsenal et de la moitié de vos batteries.

« Comme l'Angleterre ne fait point la guerre pour détruire des villes, je ne veux pas venger vos cruautés personnelles sur les habitans innocens de ce pays, et je vous offre en conséquence les mêmes conditions de paix que je vous ai adressées hier au nom de mon souverain. Si vous n'acceptez pas ces conditions, il n'y a point de paix pour vous avec l'Angleterre.

« Si vous acceptez cette offre, comme vous le devez, vous ferez tirer trois coups de canon. Si je n'entends pas ce signal, je considérerai cela comme un refus de votre part, et je recommencerai mes opérations quand je le jugerai convenable. Je vous offre ces conditions, pourvu que ni le consul anglais, ni les officiers et matelots si méchamment enlevés du vaisseau de guerre anglais, n'aient éprouvé aucun traitement cruel, non plus qu'aucun des esclaves chrétiens qui sont en votre pouvoir; et je répète la demande que le consul, les officiers et matelots me soient remis, conformément aux anciens traités.

« *Signé* EXMOUTH. »

Cette dépêche détermina la conclusion d'un armistice, et la signature des conventions suivantes :

1° L'abolition pour toujours de l'esclavage des chrétiens ;

2° La livraison au pavillon anglais de tous les esclaves qui se trouvent sous la domination du dey, de quelque nation qu'ils soient, demain avant l'heure de midi ;

3° La livraison au pavillon anglais de toutes les sommes d'argent qui ont été reçues par les Algériens pour rédemption d'esclaves depuis le commencement de l'année ; cette livraison sera faite demain avant midi ;

4° Pleine et entière réparation sera faite au consul anglais pour toutes les pertes que lui aura occasionées sa détention. »

Le dey d'Alger a fait publiquement cette réparation, ses officiers et son ministre présens, au consul anglais, et lui a demandé pardon dans les termes qui lui ont été dictés.

Il faut observer que cette expédition des Anglais n'a eu aucun résultat pour la tranquillité des bâtimens de commerce qui parcourent la Méditerranée. Lord Exmouth a demandé, a obtenu l'abolition de l'esclavage, mais non pas de la piraterie et du vol. Cet amiral a-t-il répondu entièrement à l'espérance de son gouvernement ? On peut en douter.

Les Anglais ont toujours montré une tendance très prononcée pour s'établir sur les côtes de la barbarie, et particulièrement à Alger. Je crois devoir citer ici un passage qui traite ce sujet dans un ouvrage remarquable (1):

« Là vivent des brigands qui préfèrent les honteux bénéfices de la piraterie à la culture

---

(1) L'Europe et ses colonies en décembre 1819, 2 vol. in-8°, Delaunay. Paris, 1820.

d'une terre de promission. Ce magnifique pays, où pourraient être aisément naturalisées bien des productions coloniales, fut l'objet d'une détermination particulière dans le traité de Tilsitt. On se promit d'en faire la conquête en faveur du roi de Sardaigne, qui serait ainsi dédommagé de la perte de ses états d'Italie. L'Angleterre médite le même plan, mais avec modification. On se doute pour qui elle destine le beau pays d'Alger.

« S'est-on flatté en France d'avoir pénétré tout le secret de l'expédition dispendieuse et bruyante de lord Exmouth? Qui peut s'imaginer qu'on ait voulu se borner à brûler un repaire de voleurs, et à se faire rendre quelques esclaves? un écrivain anglais s'exprimait ainsi le 9 octobre 1816 :

« L'Afrique septentrionale fut jadis le gre-
« nier de Rome. Occupée par une population
« industrieuse, elle pourrait devenir infini-
« ment utile à l'Europe (1) : pourquoi n'y
« transporterions-nous pas la surabondance

---

(2) Ceci veut positivement dire utile aux Anglais.

« de notre population, et qui nous empêche-
« rait d'y fonder une colonie? Ce projet, qui
« est loin d'avoir été abandonné par quelques
« membres du cabinet actuel, a été fortement
« recommandé par tous ceux qui ont écrit
« sur notre économie politique et morale. La
« côte septentrionale de l'Afrique est plus à
« portée de l'Angleterre que tant de contrées
« qu'elle s'est empressée d'occuper au loin.
« Si, dans l'Inde, *nous avons rendu des na-*
« *tions heureuses en les délivrant de la tyran-*
« *nie* (est-on plus effronté?), pourquoi mon-
« trerions-nous moins d'intérêt pour des na-
« tions plus voisines, et qui seraient pour nous
« la source des plus grands avantages?

« Ainsi s'exprimait une feuille vouée au
gouvernement anglais, feuille dont le rédac-
teur voit les ministres, et a ses entrées à la
trésorerie; c'est un homme à talens ordinairement chargé de préparer l'opinion aux
événemens imprévus.

« Plus loin, cet écrivain politique dit clai-
rement, en parlant du retour du noble
lord :

« Il est fâcheux que l'amiral Exmouth n'ait

« pas pris possession d'Alger au nom de sa
« majesté britannique. »

« Et, voulant que la philanthropie entre
pour quelque chose dans ce plan dicté par
l'ambition, il ajoute :

« Ce que dit Volney de l'effet de la domi-
« nation turque sur l'Égypte et sur la Syrie,
« peut aussi s'appliquer aux Algériens et aux
« peuples des régences. Le caractère des na-
« tions dépend de la nature des gouvernemens
« établis chez elles. Si les hommes sont cer-
« tains de jouir paisiblement du produit de
« leur industrie, ils deviennent industrieux.
« Nous convertirons donc une nation de vo-
« leurs en un peuple d'honnêtes gens, et ils
« *deviendront consommateurs* des produits de
« nos manufactures. »

« Depuis la rentrée de l'amiral Exmouth,
qui, pour n'avoir rempli que la partie la moins
intéressante de sa mission, fut assez froide-
ment reçu, il s'est ouvert une négociation
entre la cour de Londres et le dey d'Alger.
Un ambassadeur de ce dernier souverain est
venu régler, en 1819, avec le ministère anglais quelques intérêts qu'on ignore. Il ne

faudrait point s'étonner qu'on proposât à son excellence algérienne, en échange du magnifique pays qu'elle régit, des monceaux d'or, avec quelque autre souveraineté. Le séjour de l'ambassadeur à Londres n'a pas été long, et il paraît que l'on n'est content d'aucun côté. Comment finira ce débat? Apparemment suivant le vœu de l'écrivain ministériel.

« On conçoit comme lui qu'il serait très avantageux pour l'Angleterre d'avoir les clés du grenier de Rome : le commerce des grains serait pour elle d'un prix infini. Elle nous fournirait volontiers les oranges, les dattes, les olives, etc., que les spéculateurs tirent d'Alger pour les répandre dans toute l'Europe. La vigne est faiblement cultivée dans ce beau pays, où des préjugés religieux font négliger ce végétal. L'Angleterre saurait lui rendre l'hommage qui lui est dû : elle ferait des bénéfices considérables sur les fourrures, et encouragerait les chasses sur les flancs de l'Atlas et dans le désert. L'Atlas est couvert d'excellent chêne et d'autres bois propres à la construction : l'Angleterre les ferait exploiter, et les convertirait dans les chantiers d'Alger en vaisseaux de guerre ou en navires marchands. »

Il est à remarquer que l'expédition qui se prépare à Toulon contre la régence d'Alger, diffère essentiellement, quant au but, de celles qui ont eu lieu depuis le commencement du XVIe siècle. Jusqu'à ce jour, les armemens ont eu pour objet d'arrêter les pirateries des Algériens; celui qui s'organise aujourd'hui est destiné à venger notre honneur outragé dans la personne de notre consul. Les journaux ont donné dans le temps des détails sur cette triste affaire, et nous croyons inutile de les reproduire ici. Nous rappelerons seulement qu'il y a plus de trente ans, la disette nous fit chercher du blé sur la côte septentrionale de l'Afrique, comme autrefois les Romains. On sait que le dey d'Alger a la possession exclusive du monopole des grains, et ce fut à son agent, M. Bacry, que nous dûmes verser plus tard les sept millions montant de notre dette. On prétend, à tort ou à raison, que M. Bacry a retenu les fonds du Dey, et que la colère de celui-ci vient de ce que nous nous sommes constamment re-

fusés ou à payer deux fois, ou à lui rendre
son agent infidèle. Si les choses se sont ainsi
passées on ne peut disconvenir que le mo-
narque d'Alger a quelque raison de se
plaindre; mais il n'en avait point de mécon-
naître l'inviolabilité du représentant d'une
grande puissance, en le frappant d'un coup
d'éventail en plein divan. Depuis deux ans
nous nous sommes bornés, pour toute ven-
geance, à bloquer imparfaitement le port
d'Alger; on paraît vouloir en obtenir aujour-
d'hui une plus éclatante. Trente mille hommes
vont s'embarquer pour la plage africaine.
Mais nous n'osons espérer que cette expédition, qui rappelle à notre souvenir celle qui
partit, il y a trente deux ans, du même port
pour conquérir l'Egypte, ait des résultats plus
profitables à notre commerce, et aussi glo-
rieux pour nos armes.

On peut conclure de l'esquisse rapide que
nous venons de faire :

Que peu de contrées offrent autant qu'Alger
d'avantages et de ressources à l'agriculture et
au commerce ;

Que l'existence de la puissance algérienne
est une honte pour l'Europe ;

Que toutes les tentatives de répression ont été énormément coûteuses et inutiles ;

Que le refoulement dans l'intérieur de l'Afrique des hordes barbares des côtes, l'expulsion des Turcs, et l'établissement des Européens dans les ports principaux de la Barbarie, sont les seuls moyens de rendre stable la tranquillité de la Méditerranée ;

Que les Anglais ont tenté, par la force ou par la ruse, d'établir leur domination sur toute cette côte.

Et on se demandera :

Si la France, avec son gouvernement actuel, entreprendrait ce que n'a osé entreprendre l'Angleterre avec toute sa force maritime ?

Si l'expédition qui semble se préparer sera mieux combinée, conduite avec plus d'énergie, et plus heureuse que toutes celles qui ont été dirigées contre ces forbans ?

Si enfin, en cas de réussite, le gouvernement britannique ne s'opposerait pas de toutes ses forces à l'établissement des Français sur cette plage qu'il convoitise depuis si long-temps ?

FIN.

TABLE DES ARTICLES.

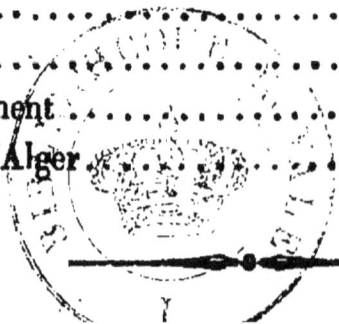

CARTE
DU ROYAUME
D'ALGER
Dressée par A. M. Perrot
1830

MER MEDITERRANÉE

SARDAIGNE

MER DES BERBERS

EMPIRE DE MAROC

ROYAUME DE TUNIS

SAHARA ou Gd DÉSERT

PAYS DES DATTES

BEDOUINS

ZAB

ALGER
Tenez
Shershel
Cherchel
Coleta
Morega
Media
Herba
Harbena
Sour
Bugia
Delhis
Thacut
CONSTANTINE
Mila
Colla
BONA
Bastion de France
Hashar
Zamora
ORAN
Arzeu
Mostagan
Vinab
Mascara
L. Tittere
el Mesilah
el Kol
Tagest
Tebessa
Tesson
Tremsen
Nador
Midroe
Besckra
Sidi Orba
Liama
el Fd
Toussa
Dimid
Ouâdreag
Tuggurt
Lienes de France.

Ouargla

Gravé par Pierre Tardieu.
Ecrit par Hacq.

Plan
DE LA VILLE ET DU PORT
D'ALGER

MER MÉDITERRANÉE

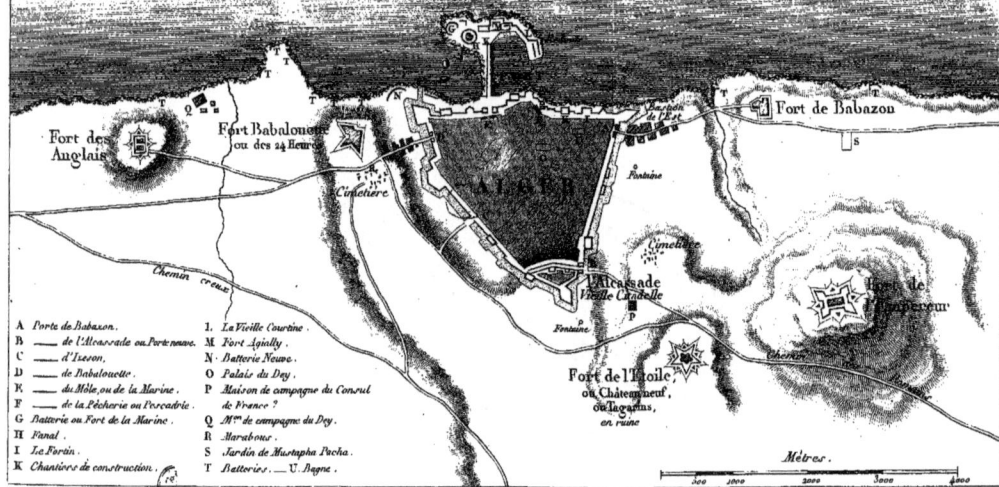

Fort des Anglais

Fort Babalouette ou des 24 Heures

Cimetière

Bastion de l'Est

Fort de Babazon

ALGER

Fontaine

Chemin creux

Cimetière

Alcassade Vieille Citadelle

Fontaine

Fort de l'Empereur

Fort de l'Étoile ou Château neuf, ou Tagarins, en ruine

Chemin

A	Porte de Babazon.	1.	La Vieille Courtine.
B	— de l'Alcassade ou Porte neuve.	M	Fort Agially.
C	— d'Isecon.	N	Batterie Neuve.
D	— de Babalouette.	O	Palais du Dey.
E	— du Môle, ou de la Marine.	P	Maison de campagne du Consul de France ?
F	— de la Pêcherie ou l'escadrie.	Q	Mon de campagne du Dey.
G	Batterie ou Fort de la Marine.	R	Marabous.
H	Fanal.	S	Jardin de Mustapha Pacha.
I	Le Forain.	T	Batteries. — U. Bagne.
K	Chantiers de construction.		

Mètres.

500 1000 2000 3000 4000

Gravé par Pierre Tardieu.

Écrit par Hacq.

www.ingramcontent.com/pod-product-compliance
Lightning Source LLC
Chambersburg PA
CBHW052146090426
42741CB00010B/2165